Boyero de Berna

Julie Murray

Abdo PERROS Kids

Abdo Kids Jumbo es una subdivisión de Abdo Kids
abdobooks.com

abdobooks.com

Published by Abdo Kids, a division of ABDO, P.O. Box 398166, Minneapolis, Minnesota 55439.

Printed in China

102024

012025

THIS BOOK CONTAINS RECYCLED MATERIALS

Spanish Translator: Maria Puchol

Photo Credits: Alamy, Getty Images, Shutterstock, Thinkstock

Production Contributors: Teddy Borth, Jennie Forsberg, Grace Hansen
Design Contributors: Candice Keimig, Pakou Moua

Library of Congress Control Number: 2024939035

Publisher's Cataloging-in-Publication Data

Names: Murray, Julie, author.

Title: Boyero de Berna/ by Julie Murray.

Other title: Bernese mountain dogs. Spanish

Description: Minneapolis, Minnesota: Abdo Kids, 2025. | Series: Perros | Includes online resources and index

Identifiers: ISBN 9798384904311 (lib.bdg.) | ISBN 9798384904878 (ebook)

Subjects: LCSH: Bernese mountain dog--Juvenile literature. | Working dogs--Juvenile literature. | Dogs--Juvenile literature. | Dogs--Behavior--Juvenile literature. | Animal behavior--Juvenile literature. | Spanish language materials--Juvenile literature.

Classification: DDC 599.772--dc23

Contenido

Los boyeros de Berna

En inglés también se les llama *Berners*. Son perros grandes con un enorme corazón.

Se **originaron** en las granjas de Suiza hace más de 2000 años. Fueron **criados** para pastorear **ganado** y tirar de cargas pesadas.

Europa
Suiza

Los boyeros son perros fuertes y musculosos. Pueden medir hasta 27 pulgadas de alto (68.6 cm). Llegan a pesar hasta 115 libras (52 kg).

El pelaje del boyero es negro, blanco y **cobrizo**. Es un pelo grueso y tiene doble capa de longitud media. Puede ser liso u ondulado.

Cuidados

Estos perros mudan mucho pelo. Necesitan que se les cepille a menudo. Esto mantiene su pelo sano y sin enredos.

Ejercicio

Necesitan ejercicio a diario. Un jardín grande y cercado es lo mejor para que puedan correr y jugar tranquilamente. ¡También es recomendable darles largos paseos!

Son perros que aguantan el frío. Les encanta estar al aire libre, sobre todo jugar en la nieve y caminar. Cuando hace calor es mejor que no se muevan mucho, ya que se acaloran con facilidad.

Personalidad

Los boyeros son perros inteligentes y fáciles de entrenar. Son excelentes mascotas y además se llevan bien con otros animales.

Los boyeros son encantadores. Son conocidos por ser cariñosos y **leales** hacia su familia.

Más datos

- Su nombre proviene del cantón de Berna en Suiza, en los Alpes.
- Los boyeros de Berna pueden sufrir graves problemas de salud. Su esperanza de vida es solo de seis a 10 años. Es importante recurrir a **criadores** profesionales.
- Llegaron a Estados Unidos en 1926 y la asociación *American Kennel Club* reconoció la raza en 1937.

Glosario

cobrizo – de color café anaranjado o rojizo.

criador – persona que cría animales.

criar – producir, desarrollar con un fin determinado.

ganado – vacas, caballos, ovejas u otros animales criados o mantenidos en una granja o rancho.

leal – mostrar devoción y lealtad a alguien.

originar – que el principio de algo provenga de un lugar o situación particular.

Índice